Das Lindenstraße Kochbuch

Eva Erb-Schulze

Weingarten

Für die liebevolle Unterstützung und Mitarbeit an diesem Buch
danke ich meinem Mann Ralf Schulze

Die Deutsche Bibliothek – CIP-Einheitsaufnahme
Erb-Schulze, Eva:
Das Lindenstraße-Kochbuch/von Eva Erb-Schulze.-
Weingarten: Weingarten, 1995
ISBN 3-8170-0027-8

„Lindenstraße" ist eine wöchentlich von der ARD ausgestrahlte Fernsehserie, die von der Geißendörfer Film- und Fernsehproduktion GmbH (GFF) und dem Westdeutschen Rundfunk (WDR) produziert wird.

Alle verwendeten Zitate stammen aus den Folgen der Serie „Lindenstraße". Autoren der Serie sind: Hans W. Geißendörfer, Martina Borger, Maria Elisabeth Straub und andere.

Die für dieses Buch verwendeten Abbildungen sind Standfotos aus der Serie „Lindenstraße".
Fotos Umschlag und S. 6, 14, 20, 24, 31, 38, 47, 53 von Diane Krüger;
Foto S. 8 von Dietmar Seip; Fotos S. 24, 35, 49 von Peter W. Engelmeier.

Satz: Riedmayer GmbH, Weingarten
Reproduktion: repro-team gmbh, Weingarten
Gesamtherstellung: Westermann Druck Zwickau GmbH, Zwickau
Printed in Germany
ISBN 3-8170-0027-8

Inhalt

Familie Beimer

Helga Beimer und Erich Schiller:
Irische Lachsschnitte mit Buttersauce und feinen Gemüsestreifen 9
Hans Beimer und Anna Ziegler: *Hackfleischauflauf mit Kartoffelhaube* 10
Klaus Beimer: *Cheeseburger spezial à la Klausi* 11
Franz Wittich: *Jägerschnitzel „Onkel Franz" mit brauner Soße* 12

Intermezzo: *Resteessen à la Matthias Steinbrück* 13

Familie Zenker

Andi und Gabi Zenker: *Auflauf „Gemüse der Saison" für die Großfamilie* 15
Hubert und Rosi Koch: *Altdeutsche Kartoffelsuppe „Rostocker Art"* 16
Valerie Zenker: *Eisbecher „Walze", Putenschnitzel mit Zucchini „Valerie"* 17
Gung Pham Kien: *Glasnudeln „Konfuze"* 18
Urzula Winicki: *Urzulas Bigosch* 19

Intermezzo: *Erkältungstrunk „Hausverwalter Herr Hülsch"* 19

Familie Sperling

Kurt und Dr. Eva Sperling: *Couscous „Abessinien"* 21
Momo Sperling und Iffi Zenker: *Nudeln mit Tomatensauce* 22
Philipp Sperling: *Gewürzte Tomatenpuffer* 23

Intermezzo: *Drink „Lumumba Banana Erotica" von Franz Schildknecht* 23

Familie Dressler

Dr. Ludwig Dressler und Tanja Schildknecht-Dressler:
Vollwertkost „Yin und Yang“ 25
Vasily und Beate Sarikakis: *Pastitsio mit Schmorgurke* 26

Intermezzo: *Spiegeleier „Helgas Seelentrost“* 27

Familie Kling

Egon und Else Kling – Der Schweinefleischwettbewerb:
Schweinsbraten „Egon Kling“ 28
Schweinsbraten „Else Kling“ 29
Olaf Kling und Claudia Rantzow: *Linsensuppe nach Else Klings Rezept* 32

Intermezzo: *Diätfrikadellen „Henny Schildknecht“* 32

Familie Griese

Berta Griese und Hajo Scholz: *Schnittchen „Observierung“* 33
Manoel Griese: *Tacos „Verlorene Heimat“* 36
Amelie von der Marwitz: *Risotto grün und rot* 37

Die Profis: Casarotti

Enrico Pavarotti und Isolde Panowak-Pavarotti:
Scampi in Zitronenöl mit Crostini rossi 39
Lammkeule in Gorgonzolasauce „Casarotti“ 41
Panna cotta mit Obstsalat „Bella Gioia“ 42

Die Profis: Akropolis

Panaiotis und Elena Sarikakis:
Tsatsiki 43
Griechischer Bauernsalat 44
Stifado 45
Grieß-Halva 46

Backwerk

Sahnetorte „Lindenstraße" à la Café Bayer 48
Weihnachtsplätzchen „Raben à la Klein-Klausi" 50
Schillerlocken „Erich" 51

Same procedure as every year – Alle Jahre wieder

Weihnachtseisbombe Beimer'sche Art 52
Internationales Silvestermenü im „Akropolis":
Gefüllte Avocados mit geräuchertem Lachs, Zwiebelsuppe 54
Rumpsteaks mit Rotweinschaum 55
Dreifarbige Mousse au chocolat 56

Die Unvergessenen

Hans und Helga Beimer: *Maultaschen „Jahrestag"* 57
Marion Beimer: *Salat „Montmartre"* 58
Benny Beimer: *WG-Bohneneintopf „Benny"* 59
„Zorro" (Franz Joseph Pichelsteiner): *Pichelsteiner Eintopf* 60
Carsten Flöter: *Kalbsmedaillons in Portweinsauce* 62
Robert Engel: *Aal in Aspik* 63
Lydia Nolte: *Lettische Specktaschen „Riga"* 64

Einleitung

Stehen wir doch dazu - wir schauen uns die Lindenstraße an! Vielleicht nicht immer regelmäßig, aber wenn wir es einrichten können, sitzen wir sonntags abends um 18.40 Uhr in der ersten Reihe, um an Freud und Leid der Bewohner der Lindenstraße teilzuhaben. Längst sind wir ständige Zaungäste in ihren Wohn-, Schlaf- und Kinderzimmern, doch die eigentlichen Schaltzentralen des familiären Zusammenhalts sind - wie so oft - die Küchen.

Als am 8. Dezember 1985 die erste Folge ausgestrahlt wurde, hagelte es vernichtende Kritiken. Doch das spielte keine Rolle - im Verborgenen wuchs eine immer größer werdende Lindenstraßen-Fangemeinde heran. Im Laufe von 10 Jahren haben wir sie liebgewonnen: Mutter Beimer, die „Taube“, mit und ohne „Hansemann“, Isolde Pavarotti und ihren „Topolino“, Dr. Dressler, Gabi Zenker und selbst Else Kling, um nur wenige zu nennen. Und Liebe geht bekanntlich durch den Magen! Hier in der Lindenstraße, wo es (fast) zugeht wie im richtigen Leben, wird geliebt, gehaßt, geboren, gestorben, ein- und ausgezogen und selbstverständlich auch gekocht, gegessen und getrunken. Längst war es überfällig, den vielen mehr oder minder begabten Köchinnen und Köchen über die Schulter zu schauen, um ein typisches Gericht aufzuschnappen.

Bei über 500 Folgen ist es natürlich nicht möglich, jeder Person, die jemals in der Lindenstraße aufgetaucht ist, ein Rezept zuzuordnen. Es handelt sich vielmehr um eine subjektive Auswahl der Personen, die mir wichtig erscheinen. Im Laufe der Jahre haben sich Familien getrennt und neu zusammengefunden; ich habe dennoch teilweise „alte“ und „neue“ Familienkonstellationen unter einem Familiennamen zusammengefaßt.

Und nun - viel Spaß beim Lesen und Nachkochen!

Guten Appetit!

Familie Beimer

Helga Beimer und Erich Schiller

Helga Beimer: „Ich bin so aufgeregt, und Essen beruhigt mich!"

Irische Lachsschnitte mit Buttersauce und feinen Gemüsestreifen

Die Lachsschnitten je nach Dicke jeweils 3–5 Minuten pochieren (Salzwasser mit dem Saft einer Zitrone aufkochen, vom Herd nehmen und den Fisch mit einer Schaumkelle ins heiße Wasser legen). Gemüse putzen, waschen und in sehr feine Streifen schneiden. In kochendem Salzwasser 3 Minuten garen lassen, mit kaltem Wasser abschrecken. Vor dem Servieren kurz in der heißen Butter schwenken und würzen. Für die Sauce die feingehackten Schalotten in einen Topf geben, den Weißwein hinzugießen und bei starker Hitze zum Kochen bringen. Flüssigkeit fast ganz einkochen lassen, der Topfboden darf nur noch feucht sein. Nun kalte Butter in kleinen Stückchen hinzugeben und mit einem Schneebesen unterrühren. Abschließend mit Salz und Pfeffer würzen. Die Lachsschnitten werden mit dem Gemüse und dem Estragon angerichtet.
Dazu: kleine Butterkartoffeln, anschließend ein Gläschen irischen Whiskey (Zimmertemperatur, ohne Eis!).

Für 4 Portionen

4 x 200 g filetierte Lachsschnitte
2–3 Möhren
1 Stange Porree
1 Eßlöffel Butter
Salz, Pfeffer
frischer Estragon

Für die Sauce:

10 Schalotten
½ l trockener Weißwein
100 g kalte Butter
Salz, weißer Pfeffer

Hans Beimer und Anna Ziegler

ELSE KLING ZU HELGA BEIMER: „Wir zwei sind die letzten guten Hausfrauen in dem Viertel, Frau Beimer! Stellen Sie sich vor, die Frau Ziegler kauft sogar die Weihnachtsplätzchen, das Backen ist ihr zuviel Arbeit, hat sie gesagt!“

Backen mag Anna zuviel Arbeit sein, aber richtig lecker und kindergerecht für Hans und ihre drei Kinder Sarah, Söphchen und Tiger Tom zu kochen natürlich nicht!

Hackfleischauflauf mit Kartoffelhaube

750 g Rinderhack
1 kleine Knoblauchzehe
Öl zum Braten
1 große Zwiebel
je 1 grüne und rote Paprikaschote
250 g Champignons
1 große Dose geschälte Tomaten
1 Brühwürfel
175 ml Wasser
etwas Tomatenketchup
6 mittelgroße, mehligkochende Kartoffeln
50 g geriebener Gouda
50 ml Milch
300 g Erbsen und Maiskörner, gemischt (tiefgekühlt)
50 g Butter
Salz, Pfeffer

Das Hackfleisch und den zerdrückten Knoblauch in heißem Öl kräftig anbraten. Die feingehackte Zwiebel glasig dünsten, kleingeschnittene Paprika und Pilze dazugeben und 3–4 Minuten dünsten. Das Fleisch und die gewürfelten Tomaten mit dem Saft dazugeben, ebenfalls den in Wasser aufgelösten Brühwürfel und den Tomatenketchup. 25 Minuten bei schwacher Hitze köcheln lassen, abschmecken. Inzwischen die geschälten und gewürfelten Kartoffeln garen. Erbsen und Mais laut Angabe zubereiten. Die Kartoffeln mit dem Käse und der Milch pürieren. Das Fleisch auf 6 kleine Auflaufförmchen verteilen, mit einer Schicht Erbsen und Mais bedecken, darüber eine Schicht Kartoffelbrei streichen und mit Butterflöckchen bestreuen. Auf die obere Schiene des vorgeheizten Backofens stellen und bei 180 °C etwa 10–15 Minuten backen, bis die Oberfläche knusprig braun wird

Für 6 Portionen.

Und zum Nachtisch: Hans Beimers Super-Extra-Vanillepudding mit Spezialklumpen

Klaus Beimer

Matthias Steinbrück: „Ich habe auch nichts dagegen, daß Du Deine Junkfood-Ernährung aufpeppst."

Wenn schon die Mutter nicht ohne ihre Spiegeleier sein kann, kann auch ihr Jüngster nicht davon lassen.

Cheeseburger spezial à la Klausi

1 Packung (= 4 Stück) Gemüseburger (tiefgekühlt)
2 Eier
2 Hamburger-Brötchen
2 Zwiebeln
2 Scheiben Gouda
Ketchup, Mayonnaise
Senf, Salatblätter
etwas Öl zum Braten
Pfeffer, Salz, Paprika

Die Gemüseburger unaufgetaut nach Anleitung in der Pfanne braten, beiseite stellen. Die Zwiebeln in Ringe schneiden, braun anbraten und würzen, die Brötchenunterhälften in der Pfanne leicht anrösten. Den Backofen auf 200 °C vorheizen. Die untere Hälfte der Brötchen mit Mayonnaise bestreichen, mit Salatblatt belegen. Die Burger dünn mit Senf bestreichen, würzen. Mit den gerösteten Zwiebelringen als Zwischenschicht jedes Brötchen mit 2 Burgern belegen, als Abschluß die Scheibe Käse. Etwa 10 Minuten im Of en überbacken, bis der Käse gut zerlaufen ist. In der Zwischenzeit die beiden Eier in der Pfanne braten und wenden. Die obere Hälfte der Brötchen kurz anrösten. Burger aus dem Ofen nehmen, mit je einem Spiegelei und einem Klecks Ketchup belegen und mit der oberen Brötchenhälfte abschließen. Mit einem Schaschlikspieß zusammenhalten.

Für 2 Portionen

Hans Beimer: „Wie organisiert ihr denn jetzt das Einkaufen, wo Helga und Erich in Irland sind?"
Klaus Beimer: „Matthias kauft Brot und Eier und Käse und Knoblauch, und ich kaufe Cola und Familieneisbecher und Chips!"

Franz Wittich

FRANZ WITTICH: „Kleines Schnäpschen zur Verdauung, bei mir in Sperlingsruh?“
AMELIE VON DER MARWITZ: „Ich habe mich nicht vollgestopft wie ein ..., verzeihen Sie, Wittich!“
FRANZ: „Scheunendrescher? Das war nur Kummer, liebste Amelie, nur Kummer!“

Jägerschnitzel „Onkel Franz“ mit brauner Soße

2 Schweineschnitzel
1 Zwiebel
2 Eßlöffel Fett
1 kleine Dose Champignons
1 Päckchen braune Bratensoße (Fertigprodukt)
Salz, Pfeffer

Die Schnitzel leicht klopfen und mit Salz und Pfeffer einreiben. Im heißen Fett zusammen mit der gewürfelten Zwiebel auf jeder Seite schnell anbraten. Zugedeckt bei mittlerer Hitze noch 5 Minuten ziehen lassen. Die Schnitzel herausnehmen und warmstellen. Die abgetropften, in Scheiben geschnittenen Champignons im Bratfett kräftig anbraten. Mit der auf der Packung angegebenen Wassermenge ablöschen, das Soßenpulver einrühren und kurz aufkochen lassen. Abschmecken.
Dazu: Leipziger Allerlei in Mehlschwitze und Salzkartoffeln.

Für 2 Portionen

Intermezzo: *Resteessen à la Matthias Steinbrück*

„Ich hoffe, ich störe nicht!"
Falls es mal wieder unerwartet bei irgend jemandem im Haus Lindenstr. 3 klingelte und Matthias stand vor der Tür – ständig beteuernd, daß er auch ja nicht stören wolle –, war die Sache klar: Wieder mal ein Esser mehr, der sich nicht lange bitten ließ! Also: Wenn beim Nachkochen der hier im Buch aufgeführten Rezepte einmal Reste übrigbleiben sollten, einfach warmhalten, bis Matthias klingelt!

★ Lindenstraße-Quiz ★

Wie hieß das Video, das Helga und Benny Beimer für den Bayerischen Rundfunk produzierten?
Antwort: „Wie mogelt man beim Kochen?"

Was brachten Helga Beimer und Erich Schiller frisch aus ihrem Irland-Urlaub mit?
Antwort: Einen Hummer

Woraus bestand das besondere Menü, das Franz Wittich der verehrten Amelie von der Marwitz eines Gründonnerstags servierte?
Antwort: Als Aperitif grüner Chartreuse, dann Kräutercremesüppchen, Hammel mit Oliven und grünen Bohnen, und zum Nachtisch Götterspeise mit Waldmeistergeschmack

Wer machte eine Entschlackungskur mit Trauben?
Antwort: Matthias Steinbrück

FAMILIE ZENKER

Andi und Gabi Zenker

Iffi Zenker: „Hoffentlich reicht das Essen für alle!"
Jo Zenker: „Beim Bund schütten wir auch jede Menge Wasser ins Gulasch, wenn's knapp wird, kein Problem!"

Auflauf „Gemüse der Saison“ für die Großfamilie

hier: Gratin mit Frühlingsgemüse
– natürlich von Boris Eckers Hof, gekauft in Olaf Klings Laden –

1 kg neue Kartoffeln
500 g junge Möhren
400 g Zuckerschoten
2 Bund Lauchzwiebeln
80 g Butter
4–5 Eßlöffel Petersilie, frischgehackt
400 g Creme fraiche
2 Eier
1 Prise Zucker
Kräutersalz
Muskatnuß
100 g Emmentaler, gerieben

Kartoffeln und Möhren waschen und bürsten bzw. schaben (nicht schälen!). Die Kartoffeln in etwa 1 cm große Würfel, die Möhren in ebenso dicke Scheiben schneiden. Beides in einen dicht schließenden Topf geben. Etwa 4 Tassen Wasser hinzufügen und zugedeckt bei mittlerer Hitze nicht ganz weich garen. Inzwischen die Zuckerschoten waschen, evtl. die Fäden abziehen. Lauchzwiebeln waschen, die Hälfte der Zwiebelröllchen abschneiden und beiseite legen. Restliche Zwiebeln in 1 cm breite Ringe schneiden. Lauchzwiebeln und Zuckerschoten mit der Butter und der Prise Zucker in den Topf zu dem vorgegarten Gemüse geben und zugedeckt einige Minuten mitgaren. Die Petersilie einrühren. Backofen auf 200 °C vorheizen. Eine große flache Auflaufform fetten. Die Creme fraiche, die Eier und eine Tasse Gemüsekochwasser zu einer flüssigen Sauce verrühren. Gewürze und Käse einrühren, abschmecken. Gemüsemischung in die Form geben, die Sauce gleichmäßig darüber verteilen. Auf mittlerer Schiene ca. 35 Minuten überbacken, die restlichen Lauchzwiebeln sehr fein hacken und vor dem Servieren darüberstreuen.
Dazu: Salat und Brot.

Für 8 Portionen

Hubert und Rosi Koch

RÖSCHEN KOCH: „Ich mach' uns schnell noch ein paar Bratkartoffeln, Hubertchen, oder lieber Nudeln? Hubertchen hat Hunger, Gabilein, die lange Reise!"
GABI ZENKER: „Bohneneintopf! Oder ist das nicht mehr sein Leibgericht?"

Nein! Seit seinem Aufenthalt in Warnemünde gibt es für Hubert nur noch eins:

Altdeutsche Kartoffelsuppe „Rostocker Art"

1,4 kg mehligkochende Kartoffeln
100 g Sellerie
6 Möhren
200 g Butter
3 l Fleischbrühe
3 Zwiebeln
1 Lorbeerblatt
1 Nelke
2 Stangen Porree
250 ml Schlagsahne
Salz, Pfeffer, Majoran
geriebene Muskatnuß
400 g Krabben, küchenfertig
1 Packung gemischte Kräuter (tiefgekühlt)

Kartoffeln, Sellerie und Möhren schälen, waschen und in Würfel schneiden. 100 g Butter zerlassen, Sellerie und Möhren darin andünsten. Kartoffeln und die Fleischbrühe dazugeben. Eine Zwiebel abziehen, mit Lorbeerblatt und Nelke spicken. In die Brühe geben und zugedeckt etwa 20 Minuten kochen. Den Porree putzen, gründlich waschen, in Ringe schneiden und in der Suppe etwa 10 Minuten kochen. Die gespickte Zwiebel entfernen. Etwa ⅓ der Kartoffeln aus der Suppe schöpfen, pürieren, mit Sahne verrühren und wieder in die Suppe geben. Die Suppe mit Salz, Pfeffer, Majoran und Muskatnuß würzen. Die Krabben dazugeben. Restliche Zwiebeln in feine Würfel schneiden und in der Butter andünsten. In die Suppe geben, 10 Minuten ziehen lassen und vor dem Servieren mit den angetauten Kräutern verrühren.

Für 8 Portionen

Valerie Zenker

In der bösen alten Zeit, als kaum bekannt war, daß Walzes richtiger Name „Valerie“ war, gab sie sich des öfteren ungehemmt ungesundem Frustfraß hin.

Iffi Zenker: „Nougat, das magst Du doch so gerne!“

Eisbecher „Walze“

Die Nuß-Nougat-Creme zusammen mit der Sahne erhitzen, bis sie sich aufgelöst hat. Das Eis stürzen und mit der Sauce übergießen.

Für 1 Portion – ca. 2800 Kalorien

500 ml Speiseeis (Familienpackung)
½ Glas Nuß-Nougat-Creme
1 Becher süße Sahne

Iffi Zenker: „Wieder nur Sauerkraut und Ananas? Hilft doch sowieso nichts!“

Hier eines der erfolgreicheren Diätrezepte:

Putenschnitzel mit Zucchini „Valerie“

Reis in der 2½fachen Menge Salzwasser garen. Das Gemüse kleinschneiden und in der Brühe zugedeckt ca. 35 Minuten bei kleiner Hitze kochen. Das Schnitzel ganz dünn mit dem Öl einpinseln, salzen und in eine heiße Pfanne geben. Von jeder Seite 1–2 Minuten braten, pfeffern und mit dem Reis auf einen Teller geben. Das gegarte Gemüse in die Pfanne geben, mit Paprika würzen, den Bratensatz lösen, gehackte Petersilie und 1 Teelöffel Öl hinzufügen. Zu Fleisch und Reis auf den Teller geben.

Für 1 Portion – ca. 400 Kalorien

3 Eßlöffel Reis (Naturreis oder Parboiled-Reis)
1 kleine Zwiebel
1 kleine Möhre (50 g)
1 kleine Zucchini (125 g)
2–3 Eßlöffel fertige Gemüsebrühe
100 g Putenschnitzel
1½ Teelöffel Olivenöl
Salz, schwarzer Pfeffer, Paprika
½ Bund Petersilie

Gung Pham Kien

GUNG PHAM KIEN: „Konfuze sagt: Das Schicksal entscheidet sich gern bei einer guten Mahlzeit! Sorge dafür, daß niemand stört.“

ZORRO: „Konfuzzi hat gekocht, und alle werden satt!“

Glasnudeln „Konfuze“

4 Knoblauchzehen
400 g Chinakohl
40 g getrocknete schwarze Mu-Err-Pilze, eingeweicht (ergibt ca. 200 g)
100 g Möhren
300 g eingeweichte Glasnudeln
10 Eßlöffel Erdnußöl
2 Reisschalen Gemüsebrühe
2 Teelöffel Salz
4 Eßlöffel Sojasauce
3 Teelöffel Zucker

Den Knoblauch hacken, den Kohl zerkleinern. Die Pilze nur dann zerschneiden, wenn sie besonders groß sind. Die Möhren in Scheiben schneiden, Glasnudeln mit der Schere zerkleinern. Eine heiße Pfanne mit dem Öl ausschwenken und darin den Knoblauch anbräunen. Die Möhren hinzugeben und unter Rühren anbraten. Nach ca. 1 Minute die Pilze, eine weitere Minute später den Kohl und die Gemüsebrühe folgen lassen. Bei geschlossenem Deckel ca. 10 Minuten schmoren lassen, anschließend Salz, Sojasauce und den Zucker hinzufügen. Zum Schluß die Glasnudeln beifügen, etwa 2 Minuten kochen lassen und dann sofort servieren.

Für 6 Portionen

GUNG: „Alles umsonst!“
ZORRO: „Kannst Du nicht so sagen, Konfuzzi, die Schüsseln kriegen wir schon leer!“

Urzula Winicki

Dieses Gericht aus ihrer alten Heimat kocht Urzula gerne für die Wohngemeinschaft. Wenn Kinder mitessen, kann der Wodka von den Erwachsenen dazu getrunken werden (schließlich hatte Irinalein schon einmal eine Alkoholvergiftung, also bitte Vorsicht!).

Urzulas Bigosch

Schweinefleisch in etwa 3 cm. große Würfel schneiden, Speck fein würfeln, Cabanossi in Scheiben schneiden. Paprikaschoten und Zwiebeln würfeln, Weißkohl putzen, waschen und in Streifen schneiden. Öl erhitzen, Speck darin auslassen und Fleisch und Wurstscheiben darin anbraten. Paprika, Zwiebeln und Weißkohl dazugeben, ebenfalls anbraten. Tomatenmark unterrühren, Lorbeerblätter hinzufügen und mit Salz, Pfeffer, Kümmel und Majoran würzen. Fleischbrühe angießen und etwa 40 Minuten bei mittlerer Hitze schmoren. Kurz vor Ende der Garzeit die abgetropften Pilze und den Wodka dazugeben. Saure Sahne unterziehen und nicht mehr kochen lassen.
Dazu: Kartoffeln.

Für 8 Portionen

1 kg Schweinenacken
300 g Frühstücksspeck
4 Cabanossiwürste
2 rote Paprikaschoten
2 Gemüsezwiebeln
600 g Weißkohl
10 Eßlöffel Speiseöl
4 Eßlöffel Tomatenmark
2 Lorbeerblätter
Salz, Pfeffer,
Kümmel, Majoran
1 l heiße Fleischbrühe
1 große Dose Mischpilze
400 g saure Sahne
2 cl polnischer Wodka

Intermezzo: ***Erkältungstrunk „Hausverwalter Herr Hülsch"***

Alle Zutaten in ein großes Glas schütten und möglichst heiß trinken und, wie Herr Hülsch, vergeblich darauf hoffen, daß die Dauererkältung bis zur nächsten Folge auskuriert ist.

Saft einer Zitrone
heißes Wasser
2 Eßlöffel Melissengeist
2 Eßlöffel Zucker
1 Eßlöffel Honig

Familie Sperling

Kurt und Dr. Eva Sperling

IFFI ZENKER: „Essen Sie wirklich nie Fleisch?“
DR. EVA SPERLING: „Die wenigsten Menschen auf der Erde ernähren sich von Fleisch. Man braucht es ganz einfach nicht.“

MOMO SPERLING: „He, Du hast abessinisch gekocht, sogar mit Fleisch.“
DR. EVA SPERLING: „Ich bin ausnahmsweise über meinen Schatten gesprungen!“

Couscous „Abessinien“

Hammelfleisch mit 4 geschälten, in Stifte geschnittenen Knoblauchzehen spicken. Fleisch salzen und pfeffern und in sehr heißem Öl ringsum knusprig braun anbraten. 2 Eßlöffel Salz in einem ½ l kaltem Wasser auflösen und über den Grieß gießen, 15 Minuten quellen lassen. Zusammengeklebten Grieß zwischen 2 Kochlöffeln zerreiben. Fleischbrühe mit dem Hammelfleisch, den übrigen Knoblauchzehen, Lorbeerblättern, Pfefferkörnern und dem Rosmarin in einen hohen Topf geben. Den Topfrand mit einem feuchten Tuch bedecken. Grieß in ein Sieb geben und auf den Topf setzen. Alles zugedeckt 1 Stunde kochen lassen. Grieß in eine Schüssel umfüllen und in ½ l kaltem Wasser nochmals quellen lassen. Geputztes Gemüse grob zerkleinern, mit der Poularde in die Brühe geben. Grieß wieder ins Sieb geben, den Topfrand wieder mit einem feuchten Tuch bedecken, Grieß daraufsetzen und nochmals 1 Stunde kochen. Danach die Kichererbsen zugeben. Grieß in eine Schüssel füllen, Butterstücke unterrühren und Gemüse, Poularde und aufgeschnittenes Fleisch darauf anrichten. Für die Sauce Harissa und Tomatenmark mit etwa 100 ml heißer Fleischbrühe verrühren. Dazu: Fladenbrot.

1 kg Hammelschulter
7 Knoblauchzehen
Salz, schwarzer Pfeffer
2 Eßlöffel Öl
750 g Couscous-Grieß
2 l Fleischbrühe
3 Lorbeerblätter
1 Teelöffel Pfefferkörner
2 Teelöffel Rosmarin
500 g kleine Zwiebeln
½ Kopf Weißkohl
500 g Möhren
2 Stangen Porree
3 kleine Zucchini
½ Poularde
½ Dose Kichererbsen
100 g Butter
1 Eßlöffel Harissa (Paste aus getrockneten, gequollenen Chilischoten)
1 Eßlöffel Tomatenmark

Für 6 Portionen

Momo Sperling und Iffi Zenker

Bei ihrer Wohnungsbesetzung der leerstehenden Wohnung in der Lindenstr. 1 trockneten Iffi und Momo ihre selbstgemachten Nudeln über der Wäscheleine in der Küche.

Nudeln mit Tomatensauce

Mehl in eine Schüssel sieben und in der Mitte eine Mulde eindrücken. Die Eier hineingeben, mit dem Schneebesen verrühren. Salz in 4 Eßlöffeln Wasser auflösen, unter den Teig arbeiten. Kräftig kneten. Falls der Teig zu fest ist, noch 2 Eßlöffel Wasser dazugeben. Teig in ein feuchtes Tuch gewickelt im Kühlschrank 30 Minuten ruhen lassen. Auf Mehl hauchdünn ausrollen. In Streifen schneiden, leicht antrocknen lassen (z. B. über einer Wäscheleine). Die gewünschte Menge in sprudelndem Salzwasser mit einem Schuß Öl al dente kochen. Falls Nudeln übrigbleiben, können sie gut getrocknet in einem verschließbaren Gefäß aufbewahrt werden. Die Zwiebel und die Knoblauchzehe feingehackt in dem Olivenöl anbraten. Das Tomatenmark hinzufügen, kurz mitbraten. Mit dem Rotwein ablöschen, ca. 10 Minuten köcheln lassen. Die passierten Tomaten dazugeben, mit den Gewürzen abschmecken. Noch 15 Minuten weiterköcheln lassen, erst zum Schluß salzen. Die Nudeln mit der Tomatensauce übergießen, mit den Basilikumblättern garnieren. Nach Wunsch Parmesan.

Für 2 Portionen

Für den Nudelteig:

500 g Weizenmehl
4 Eier
1 Teelöffel Salz
4–6 Eßlöffel Wasser

Für die Tomatensauce:

1 Zwiebel
1 kleine Dose Tomatenmark
400 ml passierte Tomaten (aus der Packung)
½ Glas Rotwein
2 Eßlöffel Olivenöl
Salz, Pfeffer, Oregano Thymian
1 Prise Zucker
1 Knoblauchzehe
6–8 Basilikumblätter

Philipp Sperling

Flip nimmt die vegetarischen Grundsätze seiner Mutter ernster als sie selbst. Ob seine Beteiligung bei „Jugend forscht" auch dieses Rezept zustande gebracht hat?

Gewürzte Tomatenpuffer

Eier und Mehl verquirlen. Die abgetropften Tomaten hacken und mit dem Rosmarin unterrühren. Die Kartoffeln schälen, grob in die Mischung raspeln und darin wenden. Mit Salz und Sambal oelek würzen. Portionsweise 12 Puffer im mäßig heißen Öl von jeder Seite 3–4 Minuten braten.
Dazu: Frühlingsquark.

Für 4 Portionen

3 Eier
30 g Mehl
150 g getrocknete Tomaten (in Öl)
1 Eßlöffel Rosmarinnadeln
750 g große Kartoffeln
1 gestrichener Teelöffel Sambal oelek
Öl zum Braten

Intermezzo: ***Drink „Lumumba Banana Erotica" von Franz Schildknecht***

Rum und Bananenlikör in ein hohes Cocktailglas füllen, mit dem kalten Kakao auffüllen. Ein Sahnehäubchen darauf setzen, mit etwas Kakaopulver bestreuen. Mit einer Orchideenblüte dekorieren.
Dazu: leise Musik und gedämpftes Licht.

4 cl weißer Rum
2 cl Bananenlikör
kalter Kakao
Sahne
etwas Kakaopulver

DR. LUDWIG DRESSLER: „Das sieht ganz wunderbar aus!“

EGON KLING: „Wir können uns doch nicht bis in alle Ewigkeit nur noch von Gemüse und irgendwelchen Sprossen ernähren! Also, ich werd' davon nicht satt!“

Familie Dressler

Dr. Ludwig Dressler und Tanja Schildknecht-Dressler

Vollwertkost „Yin und Yang“

200 g Blattspinat
1 kleine Stange Porree
50 g Cashewkerne
20 g Butter
50 g Buchweizen
25 g Weizen, feingemahlen
1/8 l Vollmilch
1/2 Teelöffel gekörnte Gemüsebrühe
Kräutersalz
Streuwürze
Muskatnuß (frisch gerieben)
1 Freilandei
1 Teelöffel Hefeflocken

Die Spinatblätter waschen, verlesen und in etwa 1 cm breite Streifen schneiden. Porree putzen, gründlich waschen und in dünne Scheiben schneiden. Die Nüsse grob hacken und mit wenig Butter goldbraun rösten, beiseite stellen. Die restliche Butter aufschäumen lassen, die Buchweizenkörner hinzugeben und bei mittlerer Hitze unter Rühren ca. 3 Minuten anrösten. Das Weizenmehl dazugeben, kurz anschwitzen. Den Topf vom Herd nehmen, die Milch, Gemüsebrühe, Salz, Streuwürze und Muskat hineinrühren. Wieder auf den Herd zurückstellen und bei schwacher Hitze zugedeckt ca. 15 Minuten quellen lassen. Dabei gelegentlich umrühren. Den Spinat und die Porreestreifen hinzufügen und etwa 5 Minuten mitgaren. Inzwischen den Backofen auf 200 °C vorheizen und eine halbhohe Auflaufform einfetten. Die Masse im Topf etwas abkühlen lassen und nochmals abschmecken. Das Ei mit einer Gabel verquirlen. 3/4 der Cashewkeme, die Hefeflocken und das Ei in die Masse einrühren und in die Form füllen. Auf mittlerer Schiene ca. 35 Minuten backen, bis die Masse fest geworden ist. Mit den restlichen Nüssen bestreut servieren.

Für 2 Portionen

Vasily und Beate Sarikakis

Trotz des stürmischen Auf und Abs ihrer Beziehung und einer zeitweiligen Vorliebe Beates für Pizza geht ihre Liebe weiterhin durch den Magen.

Pastitsio mit Schmorgurke

Eine griechisch-deutsche Verbindung

200 g Makkaroni
1 Zwiebel
½ Salatgurke
5 Eßlöffel Butter
300 g Rinderhack
2 Tassen passierte Tomaten (aus der Packung)
2 Eßlöffel frisch gehackte Petersilie
Salz, Pfeffer
eine Messerspitze Zimt
1 Tasse trockener Weißwein
3 Tassen Milch
4 Eßlöffel Mehl
1 Prise Muskatnuß
3 Eier
½ Tasse geriebener Parmesan

Makkaroni ca. 15 Minuten lang kochen, abtropfen lassen. 2 Eßlöffel Butter in einer Pfanne erhitzen, kleingehackte Zwiebel glasig dünsten. Das Hackfleisch mit der bereits entkernten, geschälten und gewürfelten Gurke hinzufügen und kräftig anschmoren. Passierte Tomaten und Petersilie hinzufügen und mit Salz, Pfeffer und Zimt würzen. Den Weißwein zugießen und das Ganze in der Pfanne 15 Minuten ohne Deckel köcheln lassen, gelegentlich umrühren. Inzwischen für die Sauce die Milch erhitzen, aber nicht kochen lassen. In einem Topf die restliche Butter zerlassen, das Mehl sieben und in der Butter anschwitzen. Langsam und unter Rühren mit der Milch aufgießen. Mit Muskat, Salz und Pfeffer würzen und 5–10 Minuten köcheln lassen. Sauce vom Herd nehmen, 2 Eier verquirlen und unterrühren. Backofen auf 200 °C vorheizen. Die Hälfte der Makkaroni in eine gebutterte Auflaufform geben und mit der Hälfte des Käses bestreuen. Das restliche Ei verquirlen und zum Hackgemisch geben. Die Masse auf die Makkaroni geben, darauf die restlichen Makkaroni schichten. Die Sauce mit dem restlichen Käse vermischen und darübergießen. Auf der 2. Schiene von unten ca. 35–45 Minuten goldgelb backen.
Dazu: Salat und Saxophonklänge.

Für 2 Portionen

Marion Beimer zu Klausi: „Ich möchte mal wissen, wie viele Eier Mama in ihrem Leben schon verdrückt hat!“

Intermezzo: *Spiegeleier „Helgas Seelentrost“*

Nicht wenden! Bei großer Aufregung auch direkt aus der Pfanne zu essen!

Mindestens 2 Eier
viel gute Butter
Salz, Pfeffer

Familie Kling

Egon Kling und Else Kling – Der Schweinefleischwettbewerb:

EGON KLING: „Ich hab' noch nie was gewonnen in meinem Leben!"

DR. LUDWIG DRESSLER: „Und Sie können Ihr Probekochen nicht bei sich zu Hause absolvieren?"
EGON: „Mit meiner Else im Nacken, die alles besser weiß und mir zu guter Letzt noch mein Rezept fälscht?"

Schweinsbraten „Egon Kling"

Etwa 1½ kg Schweinefleisch (aus der Keule)
75 g geriebenes Schwarzbrot
3 Eßlöffel Öl
3 Zwiebeln
3 Möhren
Salz, Pfeffer
gemahlene Nelken
250 ml heißes Wasser
½ Teelöffel Zucker
1 Eiweiß
1 Eßlöffel Weizenmehl
2–3 Eßlöffel kaltes Wasser

Das Fleisch waschen, abtrocknen, mit Salz und Pfeffer würzen. 3 Eßlöffel Öl in einem Bratentopf erhitzen, das Fleisch von allen Seiten gut darin anbraten. Die Zwiebeln und die Möhren kleinschneiden, zu dem Fleisch geben und andünsten. Den Bratentopf auf dem Rost in den vorgeheizten Backofen schieben (200–225 °C). Sobald der Bratensatz zu bräunen beginnt, etwas von den 250 ml heißen Wassers hinzugießen, verdampfte Flüssigkeit nach und nach ersetzen. Das Fleisch ab und zu wenden. Nach etwa 1½ Stunden das geriebene Schwarzbrot mit dem Zucker, dem Eiweiß und den gemahlenen Nelken verrühren, auf das Fleisch streichen, etwas andrücken. Weitere 20 Minuten garen, anschließend den Braten abgedeckt warm stellen. Für die Sauce den Bratensatz mit Wasser loskochen, durch ein Sieb gießen. Das Mehl mit kaltem Wasser anrühren, unter die Flüssigkeit rühren, zum Kochen bringen und etwa 5 Minuten einkochen lassen. Mit Salz und Pfeffer abschmecken und zum Braten reichen.
Dazu: Semmelknödel und Bayrisch Kraut.

Für 4 Portionen

ELSE KLING: „Ein Trostpreis, Egon, für meinen Schweinsbraten! Das müssen doch Blinde sein, oder Taube! Und dann schicken sie mir noch einen Senf, einen preußischen, aus Düsseldorf, sowas hab ich mein Lebtag noch nicht angerührt, und dabei bleibt's auch!"

Hier also Else Klings Schweinsbratenrezept, mit dem sie zu ihrem Kummer nur einen Trostpreis gewann: das Glas Senf!

Schweinsbraten „Else Kling"

1 kg Schweinefleisch aus der Keule ohne Knochen
3 Eßlöffel Öl
2 Zwiebeln
3 Möhren
1 Lorbeerblatt
1 Rosmarinzweig
1 Flasche Bayrisches Weizenbier
Salz, Pfeffer, Zimt(!)

Das Fleisch mit wenig Salz einreiben. 3 Eßlöffel Öl bei höchster Stufe erhitzen, Fleisch im Bratentopf von allen Seiten kräftig anbraten. Auf mittlere Hitze zurückschalten, das kleingeschnittene Gemüse dazugeben und 2 Minuten mitbräunen lassen. Zwischendurch den Backofen auf 250 °C vorheizen. Bier und Gewürze mit in den Bratentopf geben, ½ Stunde im Backofen schmoren lassen, danach auf 200 °C zurückschalten. Eine weitere Stunde garschmoren, dabei den Braten zwischendurch mit Flüssigkeit begießen.

Hierzu ist zu bemerken, daß Egon Elses Rezept gefälscht hat, indem er die Zutat „Kümmel" durch „Zimt" ersetzt hat, um so erfolgreich ihre Chancen zu schmälern. Also bitte beim Nachkochen beachten, Kümmel statt Zimt zu nehmen!

Für 4 Portionen

Zu Else Klings Schweinsbraten gehören natürlich:

Krautknödel

Das Brot in dünne Scheiben schneiden. Das Schmalz zerlassen, Brotscheiben von beiden Seiten darin braten. Sauerkraut kleinhacken, Speck würfeln, auslassen und das Kraut darin etwa 10 Minuten braten, abkühlen lassen. Die Milch über die Brotscheiben gießen, Kraut hinzufügen, ziehen lassen, bis alle Flüssigkeit aufgesaugt ist. Mit den Eiern und den Gewürzen verkneten. Die Kartoffel pellen, zerdrücken und unterziehen. Die Masse sollte feucht, doch fest sein (evtl. mit mehr Milch oder Paniermehl ausgleichen). 6 kleine Klöße daraus formen, in kochendes Salzwasser gleiten lassen, aufkochen und bei halb geöffnetem Deckel etwa 10–15 Minuten bei schwacher Hitze ziehen lassen. Mit einem Schaumlöffel herausheben, abtropfen lassen, heiß servieren.

100 g Roggenbrot
25 g Schweineschmalz
250 g Sauerkraut
50 g durchwachsener Speck
etwa 100 ml lauwarme Milch
2 Eier, Salz, Pfeffer
Kümmel
1 kleine Pellkartoffel
außerdem:
Milch, Paniermehl

Für 4 Portionen

★ Lindenstraße-Quiz ★

Wohin würde Egon Kling niemals fahren, weil das Bier da mehr als miserabel sein soll?
Antwort: Nach Amerika

Über wen spottete Else Kling: „Wenn man nichts als Schweinefleisch und Speck ißt und den ganzen Tag seinen selbstangesetzten Wein dazu trinkt und dann noch raucht wie ein Schlot, ja, die Leute haben es sich doch selber zuzuschreiben, wenn sie eines Tages umkippen!“
Antwort: Die Bennarschs

Else Kling: „Das ist das Lieblingsessen von meinem Olaf, weil das Rezept noch von meiner Großmutter stammt, und ich hab's immer gehütet wie einen Schatz!"

Olaf Kling und Claudia Rantzow

CLAUDIA RANTZOW: „Riecht kriminell gut!“

Linsensuppe nach Else Klings Rezept

Die Linsen über Nacht in dem Wasser quellen lassen. Die Zwiebel kleinhacken, das Suppengrün putzen und kleinschneiden, den Speck würfeln. Speck und Zwiebel glasig anbraten, die Linsen abgießen. Das Suppengrün, die Linsen und die Gewürze zum Speck geben, Fleischbrühe zugießen und alles bei mittlerer Hitze 1 Stunde kochen lassen. Die Kartoffeln schälen und in kleine Würfel schneiden. Den Porree putzen und in feine Ringe schneiden. Beides nach 30 Minuten Kochzeit in die Suppe geben. Suppe zum Schluß mit Salz, Pfeffer und Essig abschmecken. Als Einlage: 1 Mettwürstchen pro Person.

Für 2 Portionen

250 g getrocknete Linsen
½ l Wasser
1 Zwiebel
1 Bund Suppengrün
125 g durchwachsener Speck
1 Lorbeerblatt
1 Prise getrockneter Thymian
½ l heiße Fleischbrühe
2 Kartoffeln
1 Stange Porree
Salz, schwarzer Pfeffer
2 Eßlöffel Essig

Intermezzo: *Diätfrikadellen „Henny Schildknecht“*

HENNY SCHILDKNECHT: „Ich hab' mir heute besondere Mühe gegeben und etwas Neues entdeckt – stammt aus einem französischen Diätkochbuch: Fleischklößchen mit Thymian, gegrillt bei 250 Grad und angerührt ohne Brot und Eier, nur mit Sojateig. Die müssen ein bißchen hart sein, das aktiviert Zahnfleisch und Speicheldrüse“.

Familie Griese

Berta Griese und Hajo Scholz

BERTA GRIESE: *„Soll ich uns schnell ein paar Schnittchen machen?“*

Als Hajos Modellbaufreunde mehrfach unangemeldet in Bertas Wohnung einfielen, waren ihre Schnittchen immer wieder sehr begehrt. Außerdem brachte es Hajos Beruf als Detektiv mit sich, daß er schon mal die eine oder andere warme Mahlzeit auslassen mußte.

Schnittchen „Observierung“

4 Scheiben Paderborner (Kastenbrot)
4 Scheiben Schwarzbrot
4 Scheiben Toastbrot
ca. 60 g Butter
3 Scheiben Holländer Käse
4–6 Scheiben Schweinebraten oder Kasseler
3 Scheiben Katenrauchwurst
1 Harzer Käse

Zum Garnieren:

Salzbrezeln oder Salzstangen
1 hartgekochtes Ei
1 Gewürzgurke
6 Radieschen

Das Toastbrot mit Remoulade, das restliche Brot mit Butter bestreichen. Das Toastbrot mit Bratenaufschnitt, 2 Scheiben Schwarzbrot mit dem Harzer Käse belegen, den restlichen Aufschnitt auf die anderen Brotscheiben verteilen. Die Zwiebel in Ringe schneiden und jeweils 2 große Ringe nebeneinander auf jedes Käsebrot legen. Radieschen in Scheiben schneiden. Jeweils die Endscheibe mit der roten Seite nach oben in einen Zwiebelring legen, um so ein Augenpaar anzudeuten. Die anderen Brote mit dem in Scheiben geschnittenen Ei belegen, dabei jede Eischeibe mit Remoulade als Auge dekorieren. Einen großen Teller mit der halbierten und in Fächer geschnittenen Gewürzgurke sowie der geachtelten Tomate dekorieren. Mit Salzbrezeln und Schnittlauchröllchen verzieren, nach Geschmack mit Pfeffer und Salz würzen.
Dazu: Bier (aber nie im Einsatz!)

Wenn wider Erwarten Schnittchen übrig bleiben, kann man sie gut zusammenklappen und in nicht zu stark knisterndem Butterbrotpapier eingeschlagen zur nächsten Observierung mitnehmen. Hierbei ist zu beachten, daß der Harzer Käse bei direkter Personenbeschattung auffällige Düfte absondern kann.

2 Eßlöffel Schnittlauchröllchen
1 Tomate
1 kleine Zwiebel
Remoulade aus der Tube
Salz, Pfeffer

★ Lindenstraße-Quiz ★

Mit welcher Spezialität verwöhnte Gung die Wohngemeinschaft, um Urzula seine Liebe zu gestehen?

Antwort: Mit einer vietnamesischen Reistafel

Welche junge aufstrebende Sportlerin vertrug wegen einer Allergie den Vitamin-B-Fitnessdrink ihrer Mutter nicht?

Antwort: Tanja Schildknecht

Was kochte Olaf Kling als Überraschung für Claudia Rantzow und servierte es mit einem kleinen Steptanz?

Antwort: Ein Zucchinigratin

Welches biologisch-dynamische Produkt verkaufte Joschi Bennarsch einst im Hausflur der Lindenstr. 3?

Antwort: Lindenblütenhonig

Lydia Nolte: „Bei uns in Riga gab's immer zweimal warm, das ist doch viel bekömmlicher!"

Manoel Griese

Als mexikanisches Adoptivkind suchte Manoel nach seinen Wurzeln. Vielleicht ißt er jetzt in Mexiko authentischer...

Tacos „Verlorene Heimat“

1 Paket Tacoschalen (12 Stück)
500 g gehacktes Rindfleisch
1 Beutel Taco-Würzmischung
100 ml Wasser
einige Blätter grüner Salat
2 Fleischtomaten
200 g geriebener Gouda
1 Avocado
200 g Sauerrahm
etwas Fett zum Braten
Pfeffer, Salz

Hackfleisch mit etwas Fett in der Pfanne anbraten, bis es krümelig ist. Das überschüssige Fett abgießen und die Taco-Würzmischung mit 100 ml Wasser hinzufügen. Gut verrühren, aufkochen lassen und dann bei niedriger Temperatur ohne Deckel 10 Minuten langsam einkochen lassen, bis die Flüssigkeit stark reduziert ist. Die Tacoschalen im vorgewärmten Backofen bei 180 °C 2–3 Minuten erwärmen. Das Hackfleisch in den 12 Tacoschalen verteilen, darüber jeweils eine Lage in Streifen geschnittene Salatblätter, Tomaten- und Avocadowürfel sowie geriebener Käse. Jeweils mit einem großen Klecks mit Salz und Pfeffer gewürzten Sauerrahms dekorieren.

Amelie von der Marwitz

Amelie von der Marwitz: „Ich erinnere mich nämlich noch wie heute, daß auch mein Hannes eines Tages den eigenartigen Geschmack des Essens bemängelte!“
Franz Wittich: „Und?“
Amelie: „Drei Wochen später war ich Witwe!“

Risotto grün und rot

1 kleine Zwiebel
1 Knoblauchzehe
5 Eßlöffel Speiseöl
200 g Rundkornreis
625 ml Fleischbrühe
250 g Spinat
80 g ausgepalte frische Erbsen
25 g Butter
1 Tomate
½ Paprikaschote
etwas Parmesankäse

Die Zwiebel und die Knoblauchzehe abziehen und hacken, in 4 Eßlöffeln Öl glasig dünsten. Den Reis dazugeben und kurz andünsten. Etwa eine Suppenkelle voll kochender Brühe angießen, nach und nach die restliche Brühe dazugießen und den Reis etwa 20 Minuten kochen. Er sollte weich, jedoch nicht klebrig sein. Für den grünen Reis den Spinat verlesen, blanchieren und abtropfen lassen. Die Erbsen 5 Minuten in 3 Eßlöffeln Wasser und 10 g Butter dünsten. Den Spinat und die Hälfte der Erbsen pürieren. Das Püree und die ganzgebliebenen Erbsen mit der Hälfte des Reises vermengen. Für den roten Reis die Tomate überbrühen, abschrecken und häuten, entkernen und würfeln. Die halbierte Paprikaschote entstielen, entkernen, waschen und fein würfeln. Das restliche Öl erhitzen, Gemüse darin andünsten und unter den restlichen Reis mengen. Die restliche Butter und den Parmesan unter die Reissorten ziehen. Den roten Reis auf dem grünen Reis dekorativ anrichten.

Für 2 Portionen

Franz Wittich: „Risotto? Mir wird übel!“

Die Profis: Casarotti

Enrico Pavarotti und Isolde Panowak-Pavarotti

Frank Dressler: „Keine Zitrone? Nimmst Du halt Essig, sauer ist sauer!“

Enrico Pavarotti: „Beginnen wir langsam mit piccolino Champagner, dann kleine Vorspeise!“

Scampi in Zitronenöl

8 Knoblauchzehen
2 Zwiebeln
2 unbehandelte Zitronen
1 Bund glatte Petersilie
24 rohe Scampi (ungeschält, ohne Kopf, ca. 1400 g)
Salz, Pfeffer
¼ l Sonnenblumenöl

Knoblauch pellen, in dünne Scheiben schneiden und kurz mit kochendem Wasser überbrühen, in einem Sieb abtropfen lassen. Die Zwiebeln schälen und sehr fein würfeln. Die Zitronen so dünn wie möglich schälen und 10 Eßlöffel Saft auspressen. Die Petersilie waschen und trockenschütteln. Die Blätter abzupfen und fein hacken, abgedeckt beiseite stellen. Die Scampi nur kurz mit kaltem Wasser abspülen, auf der Arbeitsplatte mit einem scharfen Messer längs halbieren. Die hellen oder dunklen Darmstränge mit der Messerspitze lösen und herausziehen. Das Fleisch mit 3–4 Eßlöffeln Zitronensaft beträufeln und mit Salz und Pfeffer würzen. Zwiebeln und Knoblauch im heißen Öl glasig dünsten, Scampi, Zitronenschale und den restlichen Zitronensaft dazugeben. In eine ofenfeste Form füllen und im heißen Ofen bei 250 °C auf der 2. Schiene von unten 7–10 Minuten garen, bis die Scampischalen rot werden. Mit Petersilie bestreut servieren.

Für 8 Portionen

Dazu:

Crostini rossi

Das Landbrot in Essig tränken und gut ausgedrückt in einem Mörser mit den anderen Zutaten (bis auf die Baguettescheiben) zu einer groben Masse zerstampfen. Gut gekühlt auf dem getoasteten Baguette servieren.

Für 8 Portionen

2 Scheiben Landbrot
2 Knoblauchzehen
2 Eßlöffel Kapern
6 Eßlöffel Olivenöl
grobkörniges Salz
frischgemahlener schwarzer Pfeffer
Weinessig
6 Eßlöffel frische Petersilie
4 Eßlöffel frischer Thymian
4 große reife Tomaten, gehäutet
16 Scheiben Baguette

ISOLDE PAVAROTTI: „Bei uns übernimmt die Küchenarbeit grundsätzlich Enrico. Ich könnte mit einem gelernten Koch ohnehin nicht konkurrieren!"
ELSE KLING: „Hat er eigentlich eine richtige Ausbildung, Ihr Mann?"
ISOLDE: „Selbstverständlich! Drei Diplome und mehrere Auszeichnungen!"

Lammkeule in Gorgonzolasauce „Casarotti"

2 kg Lammkeule
Salz
frischer schwarzer Pfeffer aus der Mühle
2 Knoblauchzehen
1 Bund Thymian
4 EL Öl
250 g rote Zwiebeln
200 ml Vino bianco
200 ml Lammfond (aus dem Glas)
250 g Gorgonzola
300 g Creme double

Lammkeule von Haut und Fett befreien, mit Salz und Pfeffer einreiben. Knoblauch pellen und in Stifte schneiden. Thymianblätter (bis auf einige Stiele) abzupfen. Lammkeule mit Knoblauch und der Hälfte Thymian spicken: Mit einem spitzen Messer kleine Einschnitte ins Fleisch machen, Knoblauch und Thymian hineinschieben. Fleisch im Bräter im heißen Öl rundherum braun anbraten. Zwiebeln pellen, vierteln und kurz mitbraten. Je 100 ml Wein und Lammfond dazugießen und den restlichen Thymian dazugeben. Käse und 100 g Creme double verrühren, die halbe Menge auf die Unterseite der Keule streichen. Die Keule im heißen Ofen auf der 2. Schiene von unten bei 200 °C 1 Stunde braten, dabei die letzten 30 Minuten zudecken. Die Keule wenden, mit der restlichen Käsecreme bestreichen und weitere 40 Minuten garen, dabei evtl. die letzten Minuten wieder zudecken. Die Keule ab und zu mit Bratfond beschöpfen. Fleisch in Folie wickeln und ruhen lassen. Bratfond durch ein Sieb in einen Topf gießen, dabei die Röststoffe am Bräterrand gut lösen. Je 100 ml Lammfond und Wein und 200 g Creme double dazugießen, bei starker Hitze 10 Minuten offen einkochen lassen, salzen. Pfeffern und zur Keule servieren.
Dazu: Blattspinat und italienisches Brot.

Für 8 Portionen

Enrico Pavarotti: „Essen bei uns teuer, ja, aber Miete für Lokal ist auch hoch!“

Panna cotta mit Obstsalat „Bella Gioia“

1 l Schlagsahne
2 Vanilleschoten
120 g Zucker
6–8 Blatt weiße Gelatine
500 g Erdbeeren
4 Kiwis
4 Orangen
3 EL Puderzucker
etwas Zitronensaft
Zitronenmelisse

Die Schlagsahne mit den aufgeschlitzten Vanilleschoten und dem Zucker aufkochen, bei milder Hitze 10 Minuten ziehen lassen. Schoten herausnehmen. Gelatine in kaltem Wasser einweichen. Nach 10 Minuten gut ausgedrückt in die noch heiße Sahne rühren. In 8 kalt ausgespülte Formen oder Tassen füllen. 5–6 Stunden kalt stellen. Erdbeeren waschen, halbieren. Kiwis schälen, in Spalten schneiden. Orangen wie Äpfel schälen, dabei die weiße Haut entfernen. Filets zwischen den Trennhäuten herausschneiden. Puderzucker mit Zitronensaft verrühren, mit dem Obst vermischen. Kurz vor dem Servieren die Creme stürzen und mit dem mit Zitronenmelisse dekorierten Obstsalat servieren.

Für 8 Portionen

Nach dem Menü: Reichlich Grappa

★ Lindenstraße-Quiz ★

Wie nennt Zorro den Koch Enrico Pavarotti?
Antwort: „Parmesello“

Welche Räumlichkeiten hatte Isolde Panowak-Pavarotti zunächst für Enricos Gourmetrestaurant vorgesehen?
Antwort: Das „Akropolis“, aber Panaiotis wollte nicht verkaufen

Was ist der absolute Renner im „Casarotti“?
Antwort: Enricos Olivenbrot

Die Profis: Akropolis

Panaiotis und Elena Sarikakis

VASILY SARIKAKIS: „Als Vorspeise Tsatsiki, und was sonst noch?"

Tsatsiki

1 Salatgurke
500 g Sahnequark
300 g Sahnejoghurt
8 Knoblauchzehen
2 Bund Dill
Salz, Pfeffer
Zitronensaft
2 Eßlöffel Olivenöl
8 schwarze Oliven

Die Salatgurke gründlich abwaschen, der Länge nach halbieren und die Kerne mit einem Teelöffel auskratzen. Grob in eine Rührschüssel hineinraspeln. Das Wasser herausdrücken und in einer Tasse aufbewahren. Den Quark, den Joghurt und den feingehackten Knoblauch unterrühren. Mit Zitronensaft säuern, den Dill fein schneiden und kurz vor dem Servieren mit dem Olivenöl unterrühren. Wenn die Masse zu zäh ist, mit dem Gurkenwasser flüssigrühren. Jede Portion mit einer schwarzen Olive dekorieren.

Für 8 Portionen

Griechischer Bauernsalat

Gurke, Gemüsezwiebel und Tomaten in kleine Stücke schneiden und mit dem gewürfelten Schafskäse, Oliven und Peperoni vermengen. Die Zutaten für das Dressing miteinander verrühren, Knoblauchzehen ausdrücken und hinzugeben. Alles miteinander vermischen und mindestens 30 Minuten ziehen lassen.

4 Fleischtomaten
1 Salatgurke
1 Gemüsezwiebel
150 g abgetropfte schwarze Oliven
2 grüne Peperoni
250 g Schafskäse

Für das Dressing:

100 ml Olivenöl
4 Eßlöffel Zitronensaft
4 Eßlöffel Essig
2 Knoblauchzehen
Salz, Pfeffer, frischer Majoran, glatte Petersilie

Elena Sarikakis: „Stifado heißt das in Griechenland – süße Zwiebeln und Rindfleisch gekocht zusammen und dann zwei Tage stehenlassen und saugt sich voll und dann erst richtig gut mit Nelken und ein bißchen Thymian."

Stifado

2 kg Rinderbraten
200 ml Olivenöl
Salz, Pfeffer
2 Zwiebeln
1 kg geschälte Tomaten
400 ml griechischer Rotwein
2 Lorbeerblätter
2 kg Schalotten
6 Knoblauchzehen
250 g Butter
1 Bund Petersilie, gehackt

Für die Marinade:

2 Zwiebeln
800 ml griechischer Rotwein
8 ganze Nelken
1 Prise Zimt
2 Möhren
2 Lorbeerblätter
Pfefferkörner
frischer Thymian

Das Fleisch in große Würfel schneiden, in ein Tongefäß legen und mit der Marinade übergießen, nachdem man die Zwiebel gehackt und die Möhren in feine Scheiben geschnitten hat. Zugedeckt einen Tag im Kühlschrank ziehen lassen. Fleischstücke aus der Marinade nehmen, abtrocknen und in einem großen Schmortopf im heißen Olivenöl anbraten. Die Zwiebeln hacken und hinzufügen. Die Marinade 10 Minuten kochen, durch ein Sieb geben und über das Fleisch gießen. Die Tomaten, Salz, Pfeffer, den Rotwein und 800 ml heißes Wasser beifügen. Bei mittlerer Hitze zugedeckt kochen, bis das Fleisch weich ist. Die Schalotten mit kochendem Wasser überbrühen, schälen und an der Wurzel kreuzweise einschneiden. Butter in einer Pfanne erhitzen, Schalotten, feingehackten Knoblauch und 1 Tasse Wasser beifügen, salzen und bei mittlerer Hitze zugedeckt 10–15 Minuten garen lassen. Diese Mischung dem Fleisch beifügen und alles bei geöffnetem Topf ca. 20 Minuten einkochen lassen, bis die Flüssigkeit fast aufgesogen ist. Das fertige Gericht nochmals 2 Tage im Kühlschrank aufbewahren, vor dem Servieren gut aufwärmen und mit Petersilie bestreuen.
Dazu: Gebackene Kartoffelscheiben und Krautsalat

Für 8 Portionen

VASILY SARIKAKIS: „Ich brauche das Essen, Mutter, wir haben keine Zeit für dummes Gerede!“

Grieß-Halva

Abgeriebene Schale von einer unbehandelten Zitrone
4 Gewürznelken
1 Zimtstange
500 g Zucker
250 g Butter
500 g grober Grieß
125 g gehackte Mandeln
2 Teelöffel Zimt
2 Teelöffel Puderzucker

1 l Wasser mit der Zitronenschale, den Nelken, der Zimtstange und dem Zucker zum Kochen bringen und 5 Minuten kochen lassen. Inzwischen die Butter im Topf zerlassen. Den Grieß einrieseln lassen und bei schwacher Hitze unter ständigem Rühren Farbe bekommen lassen. Die Mandeln zufügen und das Ganze unter fortwährendem Rühren leicht goldgelb bräunen. Den Sirup durch ein Sieb gießen und langsam unter ständigem Rühren zum Grieß geben. Das Ganze bei geöffnetem Topf und bei schwacher Hitze so lange kochen lassen, bis die Flüssigkeit aufgebraucht oder verdampft ist – das dauert ca. 15–20 Minuten. Die Halva in eine Schüssel geben und eine Stunde ruhen lassen. Vor dem Servieren auf einen Teller stürzen und mit Zimt und Puderzucker bestreuen. (Wichtig: langsam kochen und viel rühren!)

Für 8 Portionen

Nach dem Menü: Reichlich Ouzo

★ Lindenstraße-Quiz ★

Wem gehört das Haus, in dem sich das „Akropolis“ befindet?
Antwort: Isolde Panowak-Pavarotti und Familie Sarikakis

Backwerk

Claudia Rantzow: „Guter Kuchen! Aus dem Café Bayer?"

Egon Kling: „Etwas Süßes hätte ich gerne, für die Seele. Torte ist gut! Ist das mit Marzipan und Sahne?"

Sahnetorte „Lindenstraße“ à la Café Bayer

Für die Rührteigböden das Fett mit Zucker schaumig rühren, die Eier nach und nach dazugeben. Mehl und Backpulver darübersieben und unterrühren. Einen Springformboden (26 cm Durchmesser) mit Backpapier auslegen, dünn mit Teig bestreichen und nacheinander im auf 200 °C vorgeheizten Backofen 5 Böden backen, Backzeit jeweils 10–15 Minuten Gut auskühlen lassen. Für die Füllung die saure Sahne, Mandeln, Vanillemark, Zitronenschale, Zucker und Zimt verrühren. Steifgeschlagenes Eiweiß unterheben. Das Gelee durch ein Sieb streichen und auf den untersten Boden streichen. Mit dem zweiten Boden belegen, diesen mit Mandelsahne bestreichen. Weiter so verfahren (jeweils die Mandelsahne zwischen die Böden streichen), bis alle Böden übereinanderliegen. Den Puderzucker in eine Schüssel sieben. Mit Eiweiß und Wasser tropfenweise zu einem nicht zu dünnflüssigen Guß verrühren, er soll gerade eben streichfähig sein. Tortenoberfläche und -seiten damit bestreichen. Mit den halbierten Belegkirschen und Schokoladenblättern verzieren. Den Guß einige Stunden fest werden lassen.

Für den Rührteig:

125 g weiche Butter oder Margarine
200 g Zucker
3–4 Eier
250 g Mehl
½ Päckchen Backpulver

Für die Füllung:

250 g saure Sahne
100 g gemahlene Mandeln
das Mark einer Vanilleschote
abgeriebene Schale einer unbehandelten Zitrone
3 Eßlöffel Zucker
1 Teelöffel Zimt
3 Eiweiß
2 Eßlöffel Johannisbeergelee

Für den Guß:

300 g Puderzucker
1 Eiweiß

Zum Verzieren:

rote Belegkirschen
Schokoladenblätter

Helga Beimer zu Klausi beim Plätzchenausstechen: „Immer schön vom Rand aus!"

Weihnachtsplätzchen „Raben à la Klein-Klausi"

Butter, Zucker und Ei mit dem Knethaken in einer großen Rührschüssel vermengen, Mehl und Backpulver hinzusieben. Mit den restlichen Zutaten unterkneten. Den Teig zu einer Kugel formen und eine Stunde im Kühlschrank ruhen lassen. Auf einer mit Mehl bestäubten Arbeitsplatte ausrollen und in Vogelform ausstechen. Auf einem gefetteten und bemehlten Blech bei 200 °C auf mittlerer Schiene ca. 20 Minuten backen.

250 g Mehl
100 g Zucker
100 g Butter
1 Ei
2 gestrichene Teelöffel Lebkuchengewürz
Zitronenschale
1 Prise Salz
½ Teelöffel Backpulver

Klausi zu seiner Mutter, nachdem die in Vogelform ausgestochenen Weihnachtsplätzchen verbrannt waren: „Guck mal, Mami, Raben!"
Hans Beimer hatte alles durcheinandergebracht, indem er zwei Kinder, die sonst ins Heim gemußt hätten, zum Weihnachtsfest mit nach Hause gebracht hatte.

Wer allerdings den „Raben"-Effekt ohne verbranntes Gebäck haben möchte, nimmt folgendes:

Den gesiebten Puderzucker mit den anderen Zutaten in das leicht schaumig geschlagene Eiweiß rühren und das Gebäck mit einem Backpinsel damit bestreichen.

150 g Puderzucker
1 Eiweiß
1 Teelöffel Kakaopulver
1 Teelöffel Zitronensaft

Vor der geplatzten Hochzeit brachte Helga Beimer ihrem Erich gerne seine ondulierten Namensvettern aus der Konditorei mit:

Schillerlocken „Erich“

Blätterteig auflauen und auf leicht bemehlter Unterlage zu einem großen Rechteck (30 cm lang, 12 cm breit) ausrollen. Mit dem Teigrädchen 2 cm breite und 30 cm lange Streifen ausradeln. Diese Streifen spiralförmig um gefettete Schillerlockenformen (gibt es im Haushaltwarengeschäft) wickeln. Ein Backblech mit kaltem Wasser überspülen und Formen darauflegen. Im auf 225–250 °C vorgeheizten Backofen in ca. 20 Minuten goldbraun backen. Die Formen vorsichtig herauslösen und die Schillerlocken abkühlen lassen. Sahne steifschlagen, Zucker, Vanillezucker und Sahnesteif unterziehen. Die Locken erst unmittelbar vor dem Servieren mit der Sahne füllen und leicht mit Puderzucker bestreuen.

1 Paket Blätterteig (300 g, tiefgekühlt)
½ l süße Sahne
1 Päckchen Sahnesteif
2 Eßlöffel Zucker
1 Päckchen Vanillezucker
Puderzucker

Für 6 Schillerlocken

★ Lindenstraße-Quiz ★

Wozu wollte Emst-Hugo von Salen-Prießnitz die verehrte Amelie von der Marwitz in grenzenloser Überschätzung des Etablissements im Café Bayer einladen?
Antwort: Zu einem Gläschen Champagner mit einer kleinen Portion Kaviar

Mit welchem Gericht versuchte Robert Engel die naive Urzula zu verführen?
Antwort: Mit einer Languste

Same procedure as every year – Alle Jahre wieder

Dieses aufwendige Dessert gab es am Heiligabend bei den Beimers, als erstmalig Gung Pham Kien mit ihnen feierte. Als Gung hörte, daß es Eisbombe geben sollte, schrie er vor Entsetzen auf: „*Niemand soll von Bomben sprechen. Bomben haben unser Haus in Vietnam kaputtgemacht. Niemand soll von Bomben sprechen!*“ Unvorbelastete Genießer ignorieren geflissentlich den militärischen Aspekt.

Weihnachtseisbombe Beimer'sche Art

Für das Apfel-Pistazien-Eis:

2 Boskop-Äpfel
40 g gehackte Pistazien
2 Eigelbe
50 g Zucker
2 Eßlöffel Honig
2 Tropfen grüne Lebensmittelfarbe
400 ml Schlagsahne

Für das Himbeer-Mandel-Eis:

50 g Himbeeren
1 Eigelb
35 g Zucker
1 Eßlöffel Mandellikör (Amaretto)
50 g gemahlene Mandeln
100 ml Schlagsahne

Die Äpfel in Alufolie wickeln, im auf etwa 225 °C vorgeheizten Backofen etwa 30 Minuten backen. Danach abkühlen lassen, das Fruchtfleisch herauskratzen und mit Pistazien verrühren. Die 2 Eigelbe, Zucker und Honig schaumig schlagen, mit grüner Lebensmittelfarbe tönen. Schlagsahne steif schlagen, mit der Eiercreme und dem Apfelmark vermengen, in einen Behälter geben und einfrieren. Für das Himbeer-Eis die Himbeeren verlesen, waschen, abtropfen lassen und durch ein Sieb streichen. Das Eigelb und Zucker schaumig schlagen, Likör und Mandeln unterrühren, mit dem Himbeermark verrühren. Schlagsahne steifschlagen, dazugeben und einfrieren. Eine Eisbombenform (0,75 l Inhalt) vorgefrieren (falls keine Eisbombenform vorhanden ist, kann auch eine frostfeste Schüssel mit rundem Boden genommen werden). Apfel-Pistazien-Eis hineingeben, mit dem Löffel an die Wände drücken, wieder ins Gefrierfach stellen. Nach 30 Minuten Himbeer-Mandel-Eis in die Bombe geben, mit einem Löffel gegen das Apfeleis drücken und etwa 2 Stunden gefrieren lassen. Die Form kurz in heißes Wasser tauchen, stürzen und die Eisbombe noch mal ins Gefrierfach stellen. Mit Schlagsahne und Schokoblättchen verzieren.

Internationales Silvestermenü im „Akropolis“

Vasily Sarikakis: „Griechisch-italienisches Menü? Warum nicht gleich chinesisch-norwegisch? Völker aller Länder, vereinigt euch, aber ohne mich!“

Gefüllte Avocados mit geräuchertem Lachs

4 reife Avocados
3 Eßlöffel Zitronensaft
4 Eßlöffel Walnußöl
Salz, Pfeffer,
frischgehackter Dill
400 g geräucherter Lachs

Die Avocados halbieren, den Kern herauslösen, aus dem Fruchtfleisch mit einem Kugelausstecher Kugeln formen (etwas Fruchtfleisch in der Schale lassen). Das Avocadofleisch mit Zitronensaft beträufeln. Aus dem restlichen Saft, dem Öl, Salz und Pfeffer eine Salatsauce rühren, Dill hinzufügen. Den Lachs in dünne Streifen schneiden. Mit den Avocadokugeln in die Sauce geben und in die ausgehöhlten Avocadohälften füllen. Vor dem Servieren etwas durchziehen lassen.

Für 8 Portionen

Zwiebelsuppe

6 Zwiebeln
4 Eßlöffel Butter
1 l Fleischbrühe
½ l Weißwein
1 Teelöffel gemahlener Kümmel
Salz, Pfeffer
8 Scheiben Weißbrot (auf Tassengröße geschnitten)
200 g geriebener Gruyere

Zwiebeln schälen und in Scheiben schneiden. Die Butter zerlassen, Zwiebeln darin glasig dünsten. Fleischbrühe und Wein hinzugießen, Kümmel unterrühren, ca. 5 Minuten bei schwacher Hitze leicht köcheln lassen. Mit Salz und Pfeffer abschmecken. Die Suppe auf 8 Suppentassen verteilen, mit je einer Scheibe Weißbrot bedecken und dem Käse bestreuen. Unter dem vorgeheizten Grill goldgelb überbacken.

Für 8 Portionen

Rumpsteaks mit Rotweinschaum

Die Steaks unter kaltem Wasser abspülen, trockentupfen, mit Salz und Pfeffer würzen. Die Schalotten abziehen, würfeln und mit dem Rotwein kochen, bis die Flüssigkeit fast verdampft ist. Etwas abkühlen lassen. Die Eigelbe unterziehen und bei mittlerer Hitze so lange schlagen, bis eine dicke Masse entstanden ist. Kräuter dazugeben und die Butter in Stückchen unterschlagen, bis eine sämige Sauce entstanden ist. Mit Salz, Pfeffer und Zitronensaft abschmecken, die geschlagene Sahne unterziehen. Die Steaks bei starker Hitze im Butterschmalz von beiden Seiten anbraten, dann bei schwacher Hitze nochmals von jeder Seite etwa 2 Minuten braten. Den Burgunderschaum auf den Rumpsteaks verteilen, kurz im auf 250 °C vorgeheizten Backofen überbacken.

Für 8 Portionen

8 Rumpsteaks
(je ca. 180 g)
Salz
frisch gemahlener
schwarzer Pfeffer
12 Schalotten
400 ml Rotwein
4 Eigelbe
je 2 Eßlöffel gehackter
Kerbel und Estragon
200 g kalte Butter
4 Eßlöffel
geschlagene Sahne
Zitronensaft
120 g Butterschmalz

Dreifarbige Mousse au chocolat

12 Eier
240 g Zucker
600 ml Schlagsahne
6 Blatt weiße Gelatine
4 Eßlöffel Kirschwasser
4 Eßlöffel Orangenlikör
4 Eßlöffel Metaxa
160 g weiße Schokolade
160 g Vollmilch-schokolade
160 g Zartbitter-schokolade

Die Eier trennen. Eigelbe mit 80 g Zucker sehr schaumig schlagen. Die 12 Eiweiß zu steifem Schnee schlagen, 80 g Zucker nach und nach unterrühren, kaltstellen. 600 ml Schlagsahne ebenfalls steif schlagen, zuletzt 80 g Zucker mitschlagen, kaltstellen. Die Gelatine 10 Minuten in kaltem Wasser einweichen, abgetropft in dem Kirschwasser bei kleiner Hitze unter ständigem Rühren auflösen. Die weiße Schokolade im heißen Wasserbad schmelzen, unter ständigem Rühren ⅓ des Eigelbs und die Gelatine hinzufügen, dann ⅓ der Schlagsahne und ⅓ des Eischnees unterheben, in Gläser füllen, kaltstellen. Nun die Vollmilchschokolade im Wasserbad auflösen, nach und nach jeweils ⅓ der Eigelbmasse, der Schlagsahne und des Eischnees sowie den Orangenlikör untermengen. Die Creme über einen Löffelrücken auf die weiße Mousse gießen, kaltstellen. Zum Schluß die Zartbitterschokolade im Wasserbad auflösen und jeweils das letzte Drittel der Eigelbmasse, der Schlagsahne und des Eischnees mit dem Metaxa unterrühren, über einen Löffelrücken auf die braune Mousse gießen, kaltstellen. Nach etwa 2 Stunden servieren.

Für 8 Portionen

Nach dem Menü: Reichlich Sekt und um Mitternacht Tanz auf der Lindenstraße!

Die Unvergessenen

Hans und Helga Beimer

Helga Beimer: „Ich habe nie behauptet, daß es Liebe auf den ersten Blick war. Aber dieses Maultaschengericht hat mich und meinen Mann immerhin durch ein Vierteljahrhundert begleitet!"

In der guten alten Zeit Helga Beimers Spezialrezept anläßlich des Kennenlerntages mit ihrem „Hansemann":

Maultaschen „Jahrestag"

Das Mehl mit dem Salz, dem Wasser, dem Essig und dem Öl zu einem glänzenden, geschmeidigen Teig kneten, dann unter einer angewärmten Schüssel 20 Minuten ruhen lassen. Inzwischen den Spinat in wenig kochendem Salzwasser auftauen. Die Zwiebel schälen und kleinwürfeln. Die Brötchen in kaltem Wasser einweichen. Den Spinat abtropfen lassen und kleinhacken. Die Brötchen ausdrücken und mit dem Hackfleisch und der Bratwurstmasse, den Zwiebelwürfeln, der Petersilie, dem Spinat, den Eiern, Salz und Pfeffer mischen. Den Teig auf einer leicht bemehlten Arbeitsfläche etwa 3 mm dick ausrollen und 15 cm lange Quadrate daraus schneiden. Jeweils einen Löffel der Füllung auf die Quadrate geben. Diese zu einem Dreieck zusammenklappen und die Ränder mit einer Gabel fest zusammendrücken. Die Fleischbrühe zum Kochen bringen, die Maultaschen darin im offenen Topf in etwa 10 Minuten gar ziehen lassen, bis sie an die Oberfläche steigen. In der Fleischbrühe mit dem Schnittlauch bestreut servieren.

Für 8 Portionen

Für den Teig:

400 g Mehl
½ Teelöffel Salz
125 ml Wasser
1 Eßlöffel Weinessig
5 Eßlöffel Öl

Für die Füllung:

300 g Spinat (tiefgekühlt)
1 Zwiebel
1½ altbackene Brötchen
je 200 g Hackfleisch und Bratwurstbrät
1 Eßlöffel gehackte Petersilie
2 Eier
Salz, Pfeffer
1½ l Fleischbrühe
Schnittlauchröllchen

Marion Beimer

Helga Beimer: „Wenn man im Ausland war, dann weiß man das Essen zu Hause wieder um so mehr zu schätzen!"

Doch offensichtlich hat auch die Küche fern der Heimat ihre Vorzüge! Diesen Salat bereitet Marion im selbstgewählten Pariser „Exil" gerne für ihre Freunde zu:

Salat „Montmartre"

Salat putzen, waschen, trockenschleudern und in Streifen schneiden. Käse mit einer Gabel zerdrücken, mit Essig, Senf und Nußöl verrühren, mit Salz und Pfeffer abschmecken. Sauce erst kurz vor dem Servieren über den Salat geben. Nüsse kleinhacken und darüberstreuen.
Dazu: „Croque Monsieur", getoastete und gebutterte Weißbrotscheiben mit gekochtem Schinken und Butterkäse überbacken.

1 Endiviensalat
20 g Roquefort
1 Eßlöffel Weinessig
½ Teelöffel körniger französischer Senf
4 Eßlöffel Nußöl
Salz
Pfeffer aus der Mühle
10 Walnußkerne

Für 4 Portionen

Benny Beimer

Mit dem Wegzug aus der Lindenstraße sank Benny Beimers Koch- und Eßstandard rapide.

Helga Beimer: „Oh nein, bitte, keine Eier, aus, vorbei!"

WG-Bohneneintopf „Benny"

2 Dosen (à 850 ml) küchenfertiger „Feuerzauber Texas" (oder ähnliches)
2 Cabanossiwürste
100 g durchwachsener Speck
Chilipulver
200 g saure Sahne

Den Speck fein würfeln und in der Pfanne anbraten. Die Würste in Scheiben schneiden, kurz mitbraten. Zusammen mit dem Doseninhalt in einem großen Topf erwärmen. Sehr großzügig mit dem Chilipulver würzen, kurz köcheln lassen. Die saure Sahne vor dem Servieren unterrühren.
Dazu: Toastbrotscheiben

Für 4 Portionen

„Zorro“ (Franz Joseph Pichelsteiner)

ZORRO: „Mann, ich bin total ausgehungert! Trag Du mal jeden Tag 8 Stunden lang staubige Aktenberge hin und her!“

Zorro würde eigentlich die Dosenversion vorziehen, aber wer schon Pichelsteiner heißt, muß auch einmal über seinen Schatten springen können.

Pichelsteiner Eintopf

200 g Rindfleisch (Hochrippe)
200 g Lammfleisch (Keule oder Schulter)
200 g mageres Schweinefleisch
2 Stangen Porree
2 große Zwiebeln
½ Sellerieknolle
500 g Kartoffeln
350 g Weißkohl
50 g Schweineschmalz
Salz, schwarzer Pfeffer
1 Teelöffel Majoran
½ l Fleischbrühe
1 Bund Petersilie

Das Fleisch in Würfel schneiden. Den Porree putzen, waschen und mit den Zwiebeln in Ringe schneiden. Sellerie und Kartoffeln schälen und würfeln. Den Kohl vom Strunk befreien und hobeln. Fleischwürfel und Zwiebelringe ca. 5 Minuten im Schmalz anbraten, dabei umrühren. Das Fleisch, das Gemüse und die Kartoffeln lagenweise in einen großen Topf schichten. Jede Schicht leicht salzen, pfeffern und mit Majoran bestreuen. Als abschließende Lage Kartoffeln, das Lorbeerblatt darauflegen. Die Fleischbrühe zugießen, das Gericht zum Kochen bringen und zugedeckt ohne umzurühren bei milder Hitze ca. 2 Stunden garen. Die gehackte Petersilie vor dem Servieren darüberstreuen.

Für 6 Portionen

ELSE KLING: „Geh, so ein verkochtes Gemüse hält sich doch!“

Carsten Flöter

CARSTEN FLÖTER: „Ich koch' gern, weißt Du doch!"

EGON KLING ZU DR. LUDWIG DRESSLER: „Herr Flöter ist ein begnadeter Koch!"

Kalbsmedaillons in Portweinsauce

300 g Kalbsfilet
Salz, frischgemahlener weißer Pfeffer
1 Eßlöffel Weizenmehl
40 g Butter
50 ml Weißwein
3 Eßlöffel weißer Portwein
50 g Creme fraiche

Das Kalbsfilet von Fett und Sehnen befreien, unter kaltem Wasser abspülen, trockentupfen und in 4 gleichgroße Stücke schneiden. Die Filetstücke mit Salz und Pfeffer würzen und im Mehl wenden. Die Medaillons in der Butter von jeder Seite etwa 3 Minuten medium braten, herausnehmen und abgedeckt warmstellen. Das Bratenfett vorsichtig abgießen, den Bratensatz mit Weißwein ablöschen, den Wein fast vollständig einkochen. Portwein und Creme fraiche hinzufügen, einkochen und mit Salz und Pfeffer abschmecken. Die Medaillons auf Tellern anrichten und mit der Sauce servieren.
Dazu: In Butter geschwenkte weiße Bandnudeln und gebratene Pfifferlinge.

Geeignet für ein romantisches Abendessen zu zweit.

Robert Engel

ROBERT ENGEL ZU CARSTEN FLÖTER: „Bring noch was zu Essen mit! Mir ist heute nach einem langen gemütlichen Abend zuhause!"

Da sich der anfangs so sensible und begabte Robert Engel zum fiesen und gemeinen Widerling entwickelte, ist dieses Gericht eher charakterlich zu sehen:

Aal in Aspik

Den Aal gründlich mit Salz abreiben, waschen und ausnehmen. In ca. 2 cm große Stücke schneiden, nochmals waschen und mit Zitrone beträufeln. Aus sämtlichen Zutaten außer Aal, Gelatine und Petersilie ca. 15–20 Minuten lang einen Sud kochen, den Aal anschließend 5–10 Minuten darin ziehen lassen. Den Sud abgießen und durchseihen. Die Möhre in feine Scheiben schneiden. Die Gelatine in kaltem Wasser einweichen, anschließend in warmem Wasser auflösen (nicht kochen lassen!). Die flüssige Gelatine in den klaren Sud gießen, gut verrühren. In einer großen Schüssel die Aalstücke und die Möhrenscheiben sowie die Petersilie dekorativ verteilen, Gelatinesud darübergießen. Mindestens 2 Stunden kaltstellen. Vor dem Servieren stürzen.
Dazu: Bratkartoffeln

1 kg Aal
1 Zitrone
¼ l Wasser
1 Teelöffel Senfkörner
4 Pimentkörner
1 Teelöffel schwarze Pfefferkörner
2 Lorbeerblätter
1 Möhre
½ Teelöffel Salz
½ Teelöffel Zucker
⅛ l herber Weißwein
⅛ l Weinessig
16 Blatt weiße Gelatine
1 Bund glatte Petersilie
Salz zum Abreiben

Für 4 Portionen

CARSTEN FLÖTER: Ich kann nichts essen, Robby, Du bist so lieb zu mir!"

Lydia Nolte

Amelie von der Marwitz: Etwas Süßes? Gott bewahre! Für Lydia und ihren Zucker wäre das der Tod!"

Lettische Specktaschen „Riga"

Mehl in eine Schüssel geben, eine Mulde hineindrücken, die Hefe hineinbröckeln und mit Zucker, etwas Milch und etwas Mehl zu einem Vorteig verrühren. Mehl darüberstäuben und den Teig an einem warmen Ort gehen lassen, bis er sich in etwa verdoppelt hat. Danach den Teig zuerst mit etwas Mehl verrühren und mit den restlichen Zutaten so lange verkneten, bis sich der Teig vom Schüsselrand löst. Den Hefeteig gehen lassen. Für die Füllung den feingewürfelten Speck in einer Pfanne auslassen. Die in kleine Würfel geschnittene Zwiebel darin goldgelb dünsten, salzen und pfeffern. Den Teig ca. 1 cm dick ausrollen und runde Plätzchen (etwa 10 cm Durchmesser) ausstechen. Auf jedes Plätzchen 1 Teelöffel Füllung geben, die Teigränder mit Eiweiß bestreichen. Die Plätzchen jeweils zu einer Tasche zusammenklappen, dabei die Ränder mit einem Holzlöffelstiel zusammendrücken und mit dem verquirlten Eigelb und Kümmel bestreichen. Nochmals gehen lassen und im auf 225 °C vorgeheizten Backofen auf mittlerer Schiene 15–20 Minuten backen.

Für 4 Portionen

Für den Teig:

375 g Mehl
25 g Hefe
1 Teelöffel Zucker
ca. 200 ml lauwarme Milch
Salz
75 g Butter

Für die Füllung:

150 g fetter Speck
1 Zwiebel
Salz, Pfeffer

Zum Bestreichen:

1 Eiweiß
1 Eigelb
Kümmel